27842

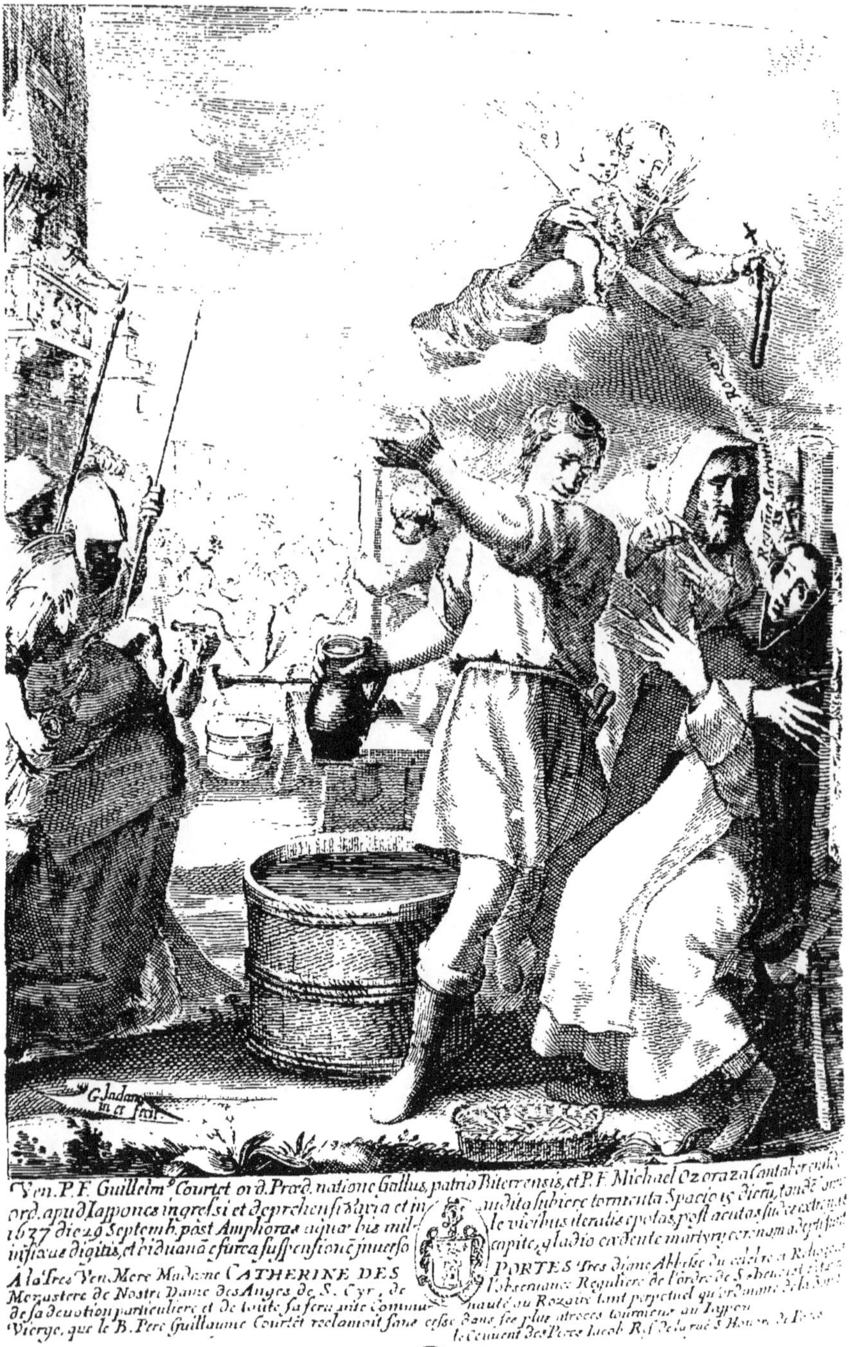

G. Iadan in et fecit.

Ven. P. F. Guillelmus Courtet ord. Præd. natione Gallus, patria Biterrensis, et P. F. Michael Ozoraza Cantaber eius ord. apud Iapones ingressi et deprehensi, varia et inaudita subiere tormenta. Spacio 15 dierū, tandē inflixæ digitis, et triduanā e furca suspensione inverso le vicibus iteratis epotas, post acutas suæ extremæ capite, gladio cædente martyrij coronam adepti sunt.

À la Très Ven. Mere Madame CATHERINE DES PORTES Tres digne Abbesse du celebre et Religieux Monastere de Nostre Dame des Anges de S. Cyr, de l'observance Reguliere de l'ordre de S. benoist de sa devotion particuliere et de toute sa fraternite Communauté ou Rozaire tant perpetuel qu'ordinaire de la Vierge, que le B. Pere Guillaume Courtet reclamoit sans cesse dans ses plus atroces tourmens au Iappon le Couvent des Peres Iacob. Rue Pela rue S. Honoré de Paris

NOTICE

SUR

LE V. P. GUILLAUME COURTET

RELIGIEUX DOMINICAIN

PREMIER MARTYR FRANÇAIS AU JAPON

PAR

M. Jules COURTET

Ancien Sous-Préfet.

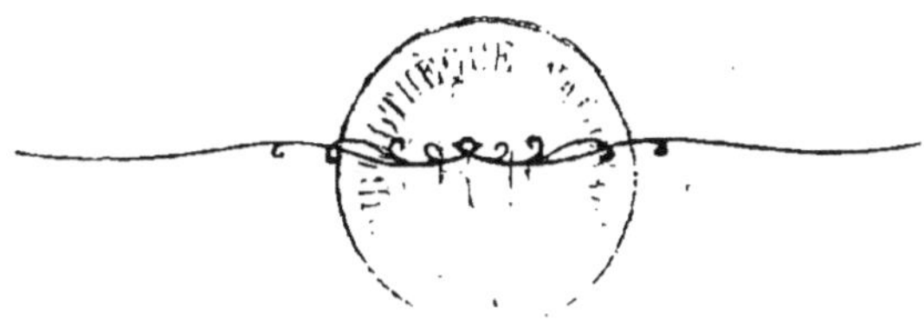

AVIGNON

IMPRIMERIE ADMINISTRATIVE DE GROS FRÈRES.

Près de l'Hôtel-de-Ville.

—

1868

DÉCLARATION DE L'AUTEUR.

———

Nous protestons de notre pleine et entière soumission aux lois du
Saint-Siége, et particulièrement au décret d'Urbain VIII. S'il nous
arrive d'employer certaines expressions, comme celle de Saint, de
Bienheureux, de Martyr, nous ne voulons pas prévenir les jugements
de l'Église, mais suivre simplement la pieuse impulsion de notre cœur.

NOTICE

SUR

LE V. P. GUILLAUME COURTET

RELIGIEUX DOMINICAIN

PREMIÈR MARTYR FRANÇAIS AU JAPON

I

> Quam speciosi pedes evangelizantium pacem
> evangelizantium bona!
>
> S. P. ROM. X, 15.

Dans ces temps de décompositon intellectuelle et morale, alors que non-seulement la foi catholique, mais la foi chrétienne elle-même semble de nouveau mise en péril sous les étreintes malsaines du positivisme, — cette dernière étape d'un philosophisme athée, — et que les idées semblent rétrograder de plus en plus vers le matérialisme; alors qu'au lieu de chanter le noble *Sursum corda* de l'idéal, des voix, même intelligentes, entonnent l'hymne dégradant de la matière, et qu'au lieu de rayonner vers l'épanouissement de la pensée et de la perfection divine, on voudrait nous précipiter

dans les ténèbres de l'abrutissement — *inania regna*, —
il nous a paru convenable de signaler à l'attention de
nos compatriotes un de ces modestes champions de l'idée
religieuse, un de ces bienheureux ouvriers évangéliques
qui devaient aller, jusqu'aux extrémités de la terre, rendre
un sanglant témoignage aux dernières paroles du Christ
(*et eritis mihi testes.... usque ad ultimum terræ. Act.
apost. I. 8*). Ce sera là, — dans la limite de nos moyens,
— notre protestation contre le culte abject et avilissant
du sensualisme contemporain.

Le xviie siècle fut un grand siècle de foi : ce fut aussi le
siècle du plus grand développement intellectuel. On l'a
appelé le père des sciences. On peut l'appeler également
le père de la philosophie, de la poésie, de l'éloquence et
des arts. C'est que la science divine n'éteignait pas la
science humaine, mais la rendait plus lumineuse, pour
nous servir des expressions de St Thomas d'Aquin. La
nombreuse pléiade de ses grands hommes — les plus
grands dont puisse jamais s'énorgueillir une nation ! —
ne sépara jamais l'esprit humain de l'esprit de Dieu ;
elle puisa, au contraire, dans la Foi une fécondité et une
grandeur souveraines, et la fit largement resplendir dans
les arts, les lettres, les sciences et les croyances religieuses. On peut leur appliquer ces belles paroles de
l'Ecriture : « C'étaient des hommes instruits dans tous
les secrets de la sagesse, habiles dans la science et pru-
dents dans l'art des choses de la vie. » (*Eruditos omni
sapientià, cautos scientià et doctos disciplina. Daniel, I*).

Mais pendant que tant de beaux génies assuraient à ce
siècle, par leurs immortels travaux, une supériorité incontestable et incontestée, à l'autre extrémité du monde,
les vaillants enfants de St Dominique et de St François-

Xavier allaient arroser de leur sang des contrées à peine connues, et préparer ainsi à ce grand siècle l'auréole de cette autre gloire qui ne saurait trouver sa récompense dans les satisfactions de la terre. « Le sang des martyrs est une semence de chrétiens, » avait dit Tertullien. Or, ces généreux pionnniers de l'Evangile se succédaient d'une année à l'autre, sans pouvoir épuiser la rage de leurs bourreaux, persuadés que la Croix finirait par rester debout sur ces plages inhospitalières et qu'à son ombre tutélaire s'épanouirait, un jour, une civilisation bien autrement féconde et autrement utile. Les événements contemporains ne leur ont-ils pas donné raison ?

Au nombre de ceux qui, respirant et poussant jusqu'au bout l'héroïsme de l'abnégation furent continuer dans l'extrême Orient l'œuvre civilisatrice de St François-Xavier, le sentiment national nous fait un devoir de rappeler le V. P. Guillaume Courtet. C'est le premier missionnaire français dont le sang ait rougi la plage de Nangazaki, — où flotte aujourd'hui notre drapeau victorieux, — et l'on comprendra aisément le sentiment particulier qui, parmi tant d'illustres martyrs, nous fait choisir celui qui a déjà, parmi nous, un culte de famille, en attendant le moment, peu éloigné sans doute, où le Souverain-Pontife lui décernera un culte liturgique sur tous les autels de la chrétienté.

II

A neuf kilomètres de Béziers, au milieu de vignobles que traverse l'Orbe avant de se perdre dans la mer, s'élève le joli village de Sérignan. C'est là que naquit Guillaume Courtet, vers l'année 1590. Puisque, ainsi que nous le verrons tout à l'heure, il fit profession, en 1608, et que l'âge de seize ans révolus, à dater du jour de la naissance, était nécessaire d'après les prescriptions du Concile de Trente, la naissance de notre Guillaume devrait être fixée à l'année 1592. Or, les registres survivants de la paroisse de Sérignan remontent à l'an 1591, et cette naissance ne s'y trouve pas indiquée. Elle a échappé à toutes nos recherches (1). Il faut donc supposer que Guillaume Courtet était né une ou [deux années plus tôt, c'est-à-dire en 1590 et qu'il ne fit sa profession qu'à l'âge de dix-huit ans : celui de seize était un minimum de rigueur.

Le P. Philippe de la Ste-Trinité (Esprit Julien de Malaucène), carme déchaussé qui ne revint des Philippines qu'en 1639, et le P. Alexandre de Rhodes d'Avignon, jésuite qui professait alors la théologie à Macao, le font naître à Avignon ; mais ils ont été trompés par le même amour-propre provincial qui a fait donner pour patrie à notre saint martyr le village de Sérignan, près d'Orange. Tous les autres hagiographes s'accordent à le faire naître à Sérignan, au diocèse de Béziers. (2). Ceci ne peut plus

(1) Nous avons relevé les mentions suivantes :

27 janvier	1593. Baptême.	Jean Courtet témoin.
7 août	id. id.	Barbe..... femme de Jean Courtet, marraine.
27 janvier	1599. id.	Antoine Courtet, parrain.
27 sept.	1603. id.	*Guillaume* Courtet, parrain.

(2) Guillaume Courtet était de Sérignan, près Béziers, dit Moréri ; — *Serignanensis in Occitania*, dit Mahuet ; — *patria Biterrensis*, lit-on au bas de la gravure p. 565 de l'ouvrage du P. Ste-Marie : — Les PP. Quétif et Echard le font naitre à *Sérignan, à 4 milles de Béziers:* — enfin, pour ne pas multiplier les citations, l'historien espagnol Aduarte dit (ch. 61, p. 763) : El padre Fr. Guillermo Cortet fue natural de Visiers, ciudad de Francia.

être mis en doute. Effectivement, son souvenir y est encore vivace; son nom est souvent dans la bouche des habitants qui l'invoquent comme leur protecteur dans le ciel. On croit connaître la maison qu'il habitait. Il existe, au bord d'une vigne appartenant à la famille Reboulet, une croix de pierre qu'on a toujours appelée *la croix du père Courtet*, et l'on assure, dans le pays, que cette vigne n'a jamais été atteinte par la grêle ou la gelée, même quand les vignes voisines souffraient de l'un de ces fléaux.

« Ses parents étaient de qualité, » dit le P. Lafon, dans l'*Année dominicaine*. L'historien espagnol Aduarte, à qui nous devons les plus grands détails sur notre saint martyr, le fait naître « *de parents nobles et riches*, y de padres nobles y ricos » (1). Sa mère était une Jammes, dont la descendance existe encore et qui est, dit-on, qualifiée *de Jammes* dans plusieurs anciens titres. Chez un des membres de cette estimable famille, Mlle Mandeville, belle-sœur de M. Gabriel Azaïs, à Béziers, nous avons pu contempler, non sans une certaine émotion, un vieux tableau un peu endommagé, représentant le P. Courtet, de grandeur presque naturelle, avec sa robe et son manteau de dominicain. Il a les yeux levés au ciel ; il tient dans sa main droite un crucifix, dans sa main gauche une

(1) *Historia de la provincia del Santo Rosario en Filippinas, Japon*, etc., etc. Cap. 61, p. 763. Pour le titre complet de cet ouvrage, voir la nomenclature des auteurs cités à la fin de la notice. — En 1547, un Jean Courtet était capitaine de la ville d'Arles (*Abrégé chron. de l'hist. d'Arles*, par Lalauzière, 1808, in-4°., p. 340). Est-ce le même Jean Courtet dont il est question dans la première note? Cela pourrait être. Un François Courtet est désigné comme Conseiller d'État dans le registre de la généralité de Champagne d'après l'Édit de 1626.

palme. Dans un des coins du tableau, apparaît, dans les nuages, la Vierge avec l'Enfant Jésus : au-dessus de la tête du martyr est un ange apportant une couronne. Au bas du tableau, à droite et à gauche, sont représentées les diverses phases du martyre qu'il subit au Japon. On lit au-dessous : *Le bienheureux père Courtet, dominicain, martyrisé au Japon le 29 septembre 1637* (1).

Un tableau exactement pareil, mais beaucoup mieux conservé, se trouve chez un autre membre de cette famille, M. Emile Sahuc, à Nissan, près de Béziers. On

(1) A la page 565 du tome III de l'ouvrage du P. de Sainte-Marie, est une gravure en taille-douce, représentant notre saint au milieu des supplices que nous allons décrire. Au bas est l'inscription suivante, entourant un blason : Ven. P. F. Guillelmus Courtet, ord. præd. natione gallus, patrià Biterrensis et P. F. Michael Ozoraza Cantaber ejusd. ord. apud Japonnes ingressi et dæprehensi varia et inaudita subiere tormenta spacio 15 dierum, tandem anno 1637 die 29 septemb. post amphoras aquæ bis mille vicibus iteratis epotas, post acutas sudes extremis infixas digitis, et biduanam à furcà suspensionem inverso capite, gladio cædente martyrii coronam adepti sunt. A la très-vénérable mère madame Catherine des Portes, très-digne abbesse du célèbre et religieux monastère de Notre-Dame des Anges de St-Cyr, de l'observance régulière de l'Ordre de St-Benoit, en faveur de sa dévotion particulière et de toute sa fervente communauté au Rosaire tant perpétuel qu'ordinaire de la Sainte Vierge que le bienheureux père Guillaume Courtet réclamait sans cesse dans ses plus atroces tourments au Japon, le couvent des pères Jacob. réf. de la rue St-Honoré de Paris. — C'est la photographie de cette gravure, qui est restée au-dessus du prie-Dieu du R. P. Lacordaire jusqu'à l'époque de sa mort. L'illustre dominicain avait l'intention d'écrire la biographie de Guillaume Courtet. Dans une lettre, qui est sous nos yeux, il disait à l'ami de qui il tenait cette photographie : « Adieu, monsieur et ami, j'ai placé, dans ma chambre, sous la Sainte-Vierge, votre cher martyr. Je le prie... pour lui et pour les vôtres ! » — Cette mort prématurée nous a malheureusement privé d'une biographie écrite avec cette onction chrétienne et cette chaleureuse éloquence qui caractérisaient l'illustre restaurateur de l'Ordre de Saint-Dominique.

X c'est la photographie de cette gravure, qui est en tête du présent volume.
f.f. 1892.

dit qu'ils furent envoyés peu après l'époque du martyre ; mais par qui et de quel pays ? On l'ignore aujourd'hui. Comment se fait-il que ces tableaux ne se retrouvent que dans la famille maternelle de Guillaume Courtet ? Voici ce que l'on pourrait supposer. Le général de l'Ordre des Frères-Prêcheurs envoya à Sérignan les deux portraits du vénérable martyr qui était devenu une glorieuse illustration pour son pays et les deux tableaux finirent par être la possession des parents maternels, ceux du nom de Courtet ayant déjà quitté le pays pour s'établir dans une autre partie du Languedoc (1). Les portraits durent naturellement échoir aux parents qui restaient dans la localité.

Les détails manquent absolument sur les premières années du jeune Guillaume. Comment se développa en lui cette vocation qui devait en faire « un des plus valeureux martyrs qui aient été jusqu'à cette heure dans le Japon, » ainsi que l'écrivait le R. P. Alexandre de Rhodes à son frère Georges, le 1er janvier 1638 ? Fut-elle due à l'instruction première, à l'influence d'une de ces fortes et pieuses mères, comme il y en avait beaucoup alors ? Fut-elle le résultat de ses longues méditations à l'ombre de la charmante et antique basilique de Sérignan ? Se proposa-t-il de venger sa modeste patrie d'avoir donné le jour à l'un de ces esprits rebelles qui constristèrent le cœur du grand pontife, quand Rome était campée sur les bords du Rhône ? (2)

(1) J'ai sous les yeux une sentence du sénéchal de Montpellier, du 29 avril 1785, confirmée par arrêt du parlement de Toulouse du 23 juin 1786, qui condamne le comte de Rochemore à dix mille livres de dommages intérêts envers l'abbé Jean-Antoine Courtet, demeurant, depuis longues années, au château de Gallargues.

(2 Sérignan avait été la patrie de Pierre-Jean d'Olive, qui devint le chef de ces singuliers pauvres, fanatiques de mysticité, qu'on appelait

Quoi qu'il en soit, à cette époque, six bénéficiers de cette paroisse allaient faire leurs études à Toulouse, dont l'université était célèbre par la multitude de ses écoliers et son respect pour la doctrine de son véritable docteur Saint-Thomas d'Aquin. Le jeune Guillaume fut sans doute un de ces bénéficiers ; et les nouvelles de l'horrible persécution de l'empereur du Japon contre les religieux et tous les nouveaux fidèles, ne fit qu'enflammer son zèle ; il se dévoua dès-lors à une religion qui pouvait lui fournir l'occasion d'aller conquérir des âmes à son Dieu et de participer un jour à la couronne du martyre.

Le R. P. Sébastien Michaëlis avait introduit la réforme dans le couvent des Frères-Prêcheurs de Toulouse depuis peu d'années, et les religieux y jetaient un si grand éclat par leur sainteté et leur étroite observance, qu'ils s'attiraient l'estime et la vénération de cette grande ville. Guillaume Courtet, édifié de la piété et de la modestie de la communauté dominicaine, résolut d'entrer dans cette sainte maison et communiqua son dessein au P. Michaëlis. Toutefois, ce n'est pas celui-ci qui lui donna l'habit, bien que cela ait été avancé par le P. Aduarte, le P. Réchac de Ste-Marie, le P. Percin et, ce qui est plus considérable encore, par le R. P. Nicolas Ridolfi, général de l'Ordre. Le P. Lafon, dans l'*Année dominicaine*, a prouvé, incontestablement selon nous, que cela ne pouvait être.

Il est vrai qu'on examina à Toulouse la vocation du jeune Guillaume ; et comme les religieux furent convain-

---

Fraticelles et condamnés par le Pape Jean XXII. Il avait pris l'habit de Saint-François dans le couvent de Béziers en 1259 et mourut, en 1297, après avoir fait une profession de foi catholique.

cus que sa fidélité et sa persévérance, depuis plus de deux ans, était un effet de la grâce, on l'envoya au Couvent d'Albi pour y faire son noviciat. C'est là, qu'après avoir été de nouveau examiné, il fut reçu de la Communauté et habillé, le 15 du mois d'août 1607, des mains du R. P. Georges Laugier, prieur. L'année suivante, à pareil jour, 15 août 1608, ayant passé son noviciat avec beaucoup de ferveur, sous la conduite du P. Hyacinthe Marez, il fit profession sous le même Prieur. C'est ce qui résulte du livre prioral du Couvent d'Albi dont l'extrait fut adressé au P. Lafon.

Une fois consacré à Dieu par ses vœux, le P. Guillaume s'adonna beaucoup à l'exercice de l'oraison, à la pratique des mortifications et à une exacte observance de ses constitutions. Tant de piété et de science le firent distinguer, même dans cette célèbre congrégatian réformée, et on le reconnut si rempli de l'esprit de Dieu, si éclairé dans la vie intérieure, et si zélé pour la vie régulière , qu'on l'envoya à la Maison de Toulouse, comme Maître des novices, et ensuite dans le couvent royal de Saint-Maximin, en qualité de lecteur ou professeur de philosophie et de théologie. De 1620 à 1624, on le retrouve à Toulouse, avec les mêmes attributions ou fonctions, du moins pour les deux dernières années,

C'est là que son mérite le fit élire, en 1624, prieur du couvent d'Avignon qui avait embrassé la réforme, depuis 1615. Le nouveau prieur la soutint avec zèle et fermeté, et parmi ceux qui reçurent l'habit de ses mains, nous ne citerons que le savant P. Antoine Réginal. Quant aux traces matérielles de son passage, nous avons le regret d'avouer qu'il en existe bien peu. Quand, aux archives départementales, nous tînmes entre les mains le *livre des reconnaissances féodales*, nous eûmes un moment l'espoir de voir le nom de Guillaume Courtet consacrer une série d'actes de son priorat. Hélas ! presque tout un registre était signé, à chaque page, du nom de son successeur immédiat, *Fr. Joannes Carquetus, prior* ; mais le registre précédent, celui que nous aurions parcouru avec tant de respect et tant de sympathie, celui-là n'a pu être retrouvé. A-t-il été détruit? a-t-il été perdu, lors du transfert des archives dominicaines ? Singulier résultat des vicissitudes humaines ! Le P. Guillaume Courtet a séjourné au moins deux ans dans les murs d'Avignon (1) et combien de personnes ne l'apprendront qu'en lisant cette Notice ! et de ce vieux cloître, témoin des veilles et des macérations de notre illustre martyr, de cette hardie basilique où il vêtit de la robe dominicaine tant de jeunes ouvriers évangéliques, il ne survit pas un seul pan de mur aujourd'hui ! Pour tout souvenir, il reste le nom d'une rue ! (2)

---

(1) Le P. Mahuet, qui appartenait au couvent des Frères-Prêcheurs d'Avignon, dont il a écrit l'histoire (*prædicatorium Avenionense*) parle de deux ans à peine, *qui fère annis duobus sui prioratus emensis*. Dans un acte du 26 janvier 1627, aux liasses de la collection dominicaine , (livre des reconnaissances féodales, aux archives départementales de Vaucluse, série h — I), le prieur est absent. On lit dans un autre acte: Anno domini 1627 et die 10 martii, habitum consilium à J. Carqueto (qui nuper, scilicet die primà martii prefati anni, horâ decimâ matutinà, acceptavit confirmationem de se factam in priorem dicti conventus avenionensis). . . . — Ainsi, le 1er mars 1627, Jean Carquet remplace Guillaume Courtet, qui avait quitté le couvent dès les premiers jours de janvier de la même année, et plus tôt peut-être ; il n'avait dû y arriver que dans les derniers mois de 1624; ce qui justifie bien *les deux années à peine* du P. Mahuet. Or, il fallut des dispenses et des considérations majeures pour lui faire quitter son poste après deux ans à peine de priorat ; c'est ce que nous tâcherons d'expliquer.

(2) La rue Saint-Dominique, qui va de la rue Calade à la porte Neuve. — Les Frères-Prêcheurs, arrivés à Avignon en 1219, s'établirent dans

« Le V. P. Courtet était attentif au gouvernement de sa communauté ; mais peut-être trop indifférent à exécuter les premiers desseins qu'il avait eus, en se faisant religieux, de chercher une occasion favorable pour répandre son sang pour la Foi. Le peu de fidélité qu'il avait à correspondre à la grâce, l'exposait à un danger évident ;

une île du Rhône *apud Briansonem* (le portail Bianson). A la voix de Saint-Dominique, d'après la tradition, les eaux stagnantes furent concentrées dans un puits qui a conservé le nom du Saint. Après ce dessèchement, vint la construction primitive, dont il reste quelques vestiges. Quant au magnifique vaisseau de l'église, qui allait du nord au midi, il ne datait que de 1330. On le devait aux libéralités du cardinal Godin, évêque de Sabine, et religieux dominicain. Il était à trois nefs, avec des chapelles dans les bas-côtés. Deux papes, Benoit XII et Clément VI y furent consacrés : ce dernier l'enrichit d'une sacristie. On y voyait les tombeaux de quarante cardinaux. On peut juger de ses richesses architecturales par ce qui reste, au musée Calvet, du mausolée du cardinal de Brancas (1402). Le cloître, où tous les chapiteaux et les retombées de voûte se faisaient remarquer par de fines et charmantes sculptures, était dû à Guillaume de Laudun, dominicain et archevêque de Toulouse, mort aveugle dans ce même couvent. Il était de 1347. La salle du moyen-âge du musée s'est enrichie de ses débris. Les jardins du couvent s'étendaient jusqu'aux remparts, élevés dans le XIV° siècle, et qui renfermèrent ainsi le monastère dans l'intérieur de la ville. Il avait abrité les souverains pontifes, en attendant la construction du palais apostolique. Jean XXII y canonisa Saint Thomas d'Aquin, le 18 juillet 1323, en présence du roi Robert et de la reine sa femme, et lui donna, peu d'années avant sa mort, sa *belle librairie* et un manuscrit très précieux. C'était la *Somme théologique* de Saint Thomas d'Aquin, magnifique parchemin, in folio, écrit sur deux colonnes, avec lettres initiales et vignettes rouges et bleues, qui se trouve aujourd'hui au Musée Calvet. Louis XIV, en 1660, admira ce couvent et voulut y entendre la messe. Et maintenant, de toute cette magnificence architecturale, de toute cette histoire admirablement taillée dans la pierre et le marbre, il reste à peine quelques débris pour rappeler la grandeur qu'elles étaient chargées de porter vers le ciel ! magnifique église d'abord, puis fonderie ; aujourd'hui, terrain à bâtir ! étrange destinée des choses humaines !

mais Dieu, qui veille sur les siens, et qui avait destiné ce
grand religieux pour être un illustre défenseur de la religion dans le Japon, ne permit pas qu'il demeurât davantage dans cette léthargie spirituelle. Il lui envoya une
humiliation fâcheuse, qui lui ayant fait connaître le péril
où est un religieux qui n'écoute pas la voix du Seigneur,
lui fit en même temps détester son infidélité, et prendre
une résolution efficace de passer en Espagne, et de là
aux îles Philippines, pour entrer dans le Japon (1). »

Cette *léthargie spirituelle*, dont parle le P. Lafon, s'ac-
corde assez mal avec le caractère et les précédents du P.
Guillaume ; quant à l'*humiliation fâcheuse* qui aurait été
la cause déterminante de son départ, on peut dire subit,
puisqu'il n'attendit pas la fin de son priorat, nous n'avons
pu en découvrir la moindre trace, pas le plus petit ves-
tige dans aucun des hagiographes qui se sont occupés de
notre saint martyr. Quoi qu'il en soit, si le P. Guillaume,
obéissant enfin à la voix du ciel, était déterminé à aller
chercher en Espagne la flotte des Indes, le chemin n'é-
tait-il pas plus direct par Béziers et Perpignan que par
Lille, Abbeville et Paris où nous ne tarderons pas à le
retrouver ? Comment expliquer cette longue pérégrina-
tion dans la partie la plus septentrionale de la France ,
lorsque quelques journées à peine pouvaient l'amener au
pied des Pyrénées ? Il est vrai qu'en 1628, le P. Courtet
aurait pu reculer devant l'idée de gagner l'Espagne par
le Languedoc, attendu que les armées de Condé et de
Montmorency y commettaient d'affreux ravages. Henri
de Rohan était maître de Nîmes, de Montauban et de
Castres, où il déployait autant d'énergie que de déses-

(1) L'*Année dominicaine*, tom. III, p. 778.

poir ; mais il faut faire attention que le départ du P. Guillaume d'Avignon date des derniers mois de 1626. Or, que se passa-t-il entre cette époque et les derniers mois de 1628, où nous le retrouvons sur les frontières de la Flandre ? Comme le P. Courtet fut un des soutiens les plus fervents et les plus zélés de l'observance régulière, a-t-il été chargé par le révérendissime Père Général d'aller porter ou surveiller la réforme dans les maisons conventuelles de l'Ordre, établies dans le nord de la France ? A-t-il été chargé d'une autre mission ? Sa mission fut-elle politique ou religieuse ? Un passage du P. Diego Aduarte semble jeter un peu de clarté sur cette page obscure de notre biographie. L'historien espagnol, après avoir dit que le F. Guillaume Courtet ne tarda pas à devenir « un grand homme dans la religion, dans la vertu, dans la culture des lettres et des sciences sacrées » , ajoute que « dans son priorat d'Avignon il acquit la réputation d'un homme capable d'exécuter de grandes entreprises, et qu'il fût chargé, tant en France qu'à l'étranger, de négociations d'une extrême importance qui eurent également l'issue la plus heureuse (1). »

Le P. Aduarte ou plutôt son continuateur, le P. Dominique Gonzalez, a été parfaitement en mesure de connaître la vie intime du P. Courtet, comme nous aurons occasion de le voir. Ainsi donc, quand il parle de *négociations importantes*, nous n'en sommes plus aux simples hypothèses et nous avons devant nous un flambeau qui, s'il n'illumine pas entièrement la route où nous sommes engagé, nous permet du moins de ne pas trop nous y éga-

(1) Le P. Aduarte, *loc.*, *cit.*. Cap. 61, p. 768.

rer (1). Cette donnée une fois admise, et, encore une fois, elle vient d'une personne trop bien renseignée pour pouvoir être mise en doute, tout s'explique alors naturellement, et son départ subit, avant l'expiration du priorat, et sa présence dans les Flandres, à Paris, et surtout son long séjour à Madrid et le rôle important qu'il y joua.

Mais, pour se mettre en route, il fallait la permission du Général (2) : elle arriva. Le P. Guillaume part *apostolicamente,* dit l'historien espagnol, apostoliquement, c'est-

(1) Nous savons parfaitement qu'avec des *il se pourrait* et des *peut-être*, on peut tout faire et tout défaire, même une *Vie de Jésus* ; mais ici nous n'allons à l'encontre d'aucun document authentique, d'aucune opinion historiquement et généralement établie. Nous nous bornons à tirer des inductions fort plausibles et fort logiques du texte d'un chroniqueur espagnol contemporain qui a fort bien pu connaître des faits qui devaient échapper aux hagiographes français plus récents.

(2) Ce général de l'ordre des F. F. prêcheurs était le P. Séraphin Siccus (de Secchi). Après avoir présidé au Chapitre général de l'Ordre, à Toulouse, il fut visiter le roi Louis XIII qui assiégeait La Rochelle ; il en fut parfaitement reçu, ainsi que par le cardinal de Richelieu; de là, il fut saluer les reines Marie de Médicis et Anne d'Autriche à Paris, et traversa la Bourgogne, alors désolée par la peste. Embarqué sur le Rhône, à Lyon, il arriva à Avignon le 12 septembre 1628. Les gardes s'opposent à son entrée dans la ville. Aussitôt prévenu, le successeur du P. Courtet, le prieur Jean Carquet se hâte d'intervenir auprès du nonce Bardi, évêque de Carpentras faisant fonctions de pro-légat, auprès de Mgr Philonardi, archevêque d'Avignon, et des seigneurs consuls. Tout fut inutile. En vain offrait-on une réclusion du Général dans l'enceinte du couvent, pendant 40 jours, pour éviter tout danger. «Nous ne voulons de peste, répondit un des consuls, ni en général ni en particulier. » *Nolumus pestem nec in generali nec in particulari.* (Mahuet, *loco-ci.* p. 170). Rome, comme on le voit, n'a pas eu le monopole des consuls facétieux. Mais ce bon mot devait coûter cher au pauvre Général. Obligé d'aller purger sa quarantaine à la campagne de Michel de Crozet, à Montfavet, il y fut pris par la fièvre et mourut le 24 du même mois. Déposé provisoirement dans l'église des Récollets, il fut transporté solennellement, en 1632, par son successeur Nicolas Ridolfi, dans l'église des Frères-Prêcheurs d'Avignon.

à-dire à pied, souffrant avec autant de patience que de joie toutes les fatigues et toutes le intempéries d'un aussi long voyage. Après avoir complètement perdu ses traces, nous le retrouvons vers les Flandres, à la fin de 1628. Où avait-il passé ces deux dernières années? N'avait-il voyagé que dans l'intérêt de son Ordre? Tout ce que nous savons, c'est que le couvent des Frères-Prêcheurs de Lille lui offre un asile momentané. A peine sorti, il est obligé d'y rentrer par suite des rigueurs de la saison. Décidé à prendre un autre chemin, il arrive à Abbeville. Entré dans une église, la vue du tableau du grand autel lui apprend qu'il est dans un monastère de religieuses de l'Ordre. Après avoir célébré la messe, il fait appeler la supérieure. Celle-ci, ravie de jouir de la conversation d'un religieux de l'illustre congrégation de Saint-Louis, qui jetait tant d'éclat par tout le royaume, le prie de prêcher à ses religieuses : ce qu'il fit le jour de la Toussaint, et ces épouses de J.-C., qui vivaient dans la plus étroite observance, vivement touchées de ses discours, voulurent se purifier par une confession générale. Quand il voulut poursuivre son chemin, elles le supplièrent de leur accorder encore quelques instructions pour avancer dans les voies de Dieu. Le ciel même sembla vouloir seconder ce saint empressement. Une pluie extraordinaire qui dura huit jours, le contraignit de rester dans ce monastère ; mais le P. Courtet, se sentant plus pressé que jamais de suivre les mouvements de la grâce, vint à Paris, puis à Nantes, et là, s'étant embarqué pour l'Espagne, il y arriva le 8 décembre de l'année 1628.

Son premier soin fut de se rendre à Madrid, pour attendre une occasion favorable de passer aux îles Philippines. Or, comme son séjour dans cette capitale de l'Espagne fut de six années, le champ reste libre aux suppositions. Pendant ce laps de temps assez considérable, n'y eût-il aucun embarquement de missionnaires pour les Indes ? cela n'est pas probable. Le P. Guillaume Courtet fut-il obligé de suivre quelque négociation diplomatique dont il avait été chargé par le Général de l'Ordre ou même par le gouvernement français de cette époque ? On est autorisé à le croire, d'après ce que nous avons cité de son biographe espagnol. La politique de Richelieu, d'ailleurs, s'accommodait assez de pareils plénipotentiaires (1). On connaît l'influence du P. Joseph, l'*Eminence grise*, de l'illustre maison du Tremblay, que le cardinal appelait *son bras droit*. Ce qui est positif, c'est que la vie exemplaire du P. Courtet, sa grande modestie et son étroite observance lui attirèrent bientôt l'estime et la vénération des religieux. Mais tant de vertus ne devaient pas tarder à franchir les bornes du cloître. Sa réputation se répandit jusqu'à la Cour, disent les biographes français qui n'ont pas soupçonné son caractère politique et qui ne cherchent nullement à se rendre compte du long séjour qu'il y fit. L'ambassadeur de France, M. de Baraut, édifié de sa modestie et de sa sagesse, le prit pour son confesseur. Etait-ce un directeur donné par Richelieu ? La reine d'Es-

(1) On sait que le connétable de Luynes, en 1617, fit exiler à Avignon Richelieu qui n'était alors qu'évêque de Luçon ; il n'en fut rappelé par le même favori qu'en 1619, pour devenir ministre et cardinal. Pendant le séjour de Richelieu à Avignon, le P. Courtet, soit en se rendant à St-Maximin, soit en revenant, a pu connaître le futur ministre qui ne manqua pas de l'apprécier et fut tenté de l'employer par la suite. C'est le seul moyen d'expliquer, sinon ses deux années de séjour dans le nord de la France, du moins les six années qu'il passa à la Cour de Madrid. Nous répéterons que le biographe espagnol était, mieux que personne, à même de savoir la vérité à ce sujet.

pagne elle-même lui accorda beaucoup de grâces et, professant une estime particulière pour ses vertus, lui accordait de fréquentes audiences, « afin de conférer avec lui sur les affaires de son salut. » L'estime de la Reine lui attira bientôt la confiance de tous les Grands d'Espagne et on fut sur le point de faire révoquer la permission qu'il avait de passer au Japon.

Toutefois, ces tentatives n'eurent pas de résultat; car, dit un des biographes, ce saint religieux, connaissant bien qu'il est très difficile de se conserver dans la sainteté de son état parmi les grands, et que la cour est bien plus dangereuse à l'innocence que n'est la mer la plus agitée à la vie de l'homme, sortit de Madrid et fut joindre le R. P. Diego Collado qui, en qualité de vicaire et de supérieur, conduisait aux îles Philippines vingt-deux religieux. Ils partirent tous l'an 1634 et, après beaucoup de fatigues et de travers, ils arrivèrent l'année suivante à Manille.

L'intention de tous ces missionnaires étant d'aller prêcher *la folie de la Croix* dans la Chine, le Japon, le Cambodge et chez les peuples qui *dormaient encore dans les ombres de la mort*, le P. provincial Dominique Gonzalès (1) pour les préparer à ces missions, les répartit dans diverses localités, tant pour apprendre la langue que pour les exercer dans les fonctions apostoliques. Le mérite bientôt reconnu du P. Courtet le fit instituer, peu de temps après, premier lecteur dans le célèbre collége de St-Thomas de Manille. Son humilité lui fit faire quelques difficultés d'accepter

---

(1) C'est ce même P. Gonzalès, continuateur d'Aduarte, et qui le premier à écrit la relation du martyre du P. Courtet. (V. à la fin de la *Notice*). On comprendra maintenant combien sa position a dû le rendre le mieux informé de tous biographes de notre cher martyr.

cette honorable fonction dans une province étrangère, si féconde en religieux autant recommandables par leur piété que par leur science; mais l'obéissance lui en fit un devoir, et tous ses efforts tendirent, dès ce moment, à former de véritables disciples de St-Thomas.

Le parfum de ses vertus, là comme en Europe, ne tarda pas à lui concilier l'admiration de tous ces fervents religieux ; sa modestie et son recueillement étaient si connus des séculiers même, qu'en le voyant toujours absorbé en Dieu, on le respectait comme un saint. Cependant, par une vie toute d'austérité, il se préparait à ce qui avait été le mobile de son long voyage, le but et le rêve de toute sa vie. Son oraison était presque continuelle ; car, ne se contentant point des deux heures que la Communauté employait chaque jour dans ce saint exercice, il y consacrait une grande partie de la nuit, ne prenant qu'un peu de sommeil sur une chaise ou couché sur la terre. Ses jeûnes étaient très rigoureux : tout l'Avent et le Carême et trois jours de la semaine au pain et à l'eau ; il mangeait si peu, les autres jours, qu'on était surpris qu'un homme occupé à l'étude, passant une partie de la nuit en oraison et s'infligeant de sanglantes disciplines, pût résister à ce genre de vie. L'usage de la province autorisait les religieux à se servir, la nuit, de rideaux contre certains moustiques du pays, qui dévorent presque le visage. Notre illustre pénitent ne voulut jamais user de cette précaution innocente. Il restait à découvert, exposé à la fureur des insectes, qui mettaient son visage en sang, sans qu'il fît le moindre mouvement pour les chasser. Très souvent, il portait une ceinture de fer, où il avait enchâssé, en l'honneur des quinze mystères du Rosaire, quinze rosettes garnies de pointes très aiguës, qui pénétraient dans les chairs et faisaient ruisseler le sang. Il se revêtit encore d'un cilice qui parut si effroyable aux religieux, qu'ils avouèrent n'avoir jamais rien vu de semblable.

C'est par ce terrible noviciat, qui dura environ une année, que le P. Guillaume Courtet se préparait à la sublime mission qu'il ne cessait de solliciter. « Il hâletait sans cesse au martyre », dit le P. Jean de Ste-Marie. Cette fin lui avait été, dit-on, prédite par une personne d'une sainteté éminente, lorsqu'il était en Espagne. On eût dit que, par les rigueurs et les tourments qu'il exerçait contre sa personne, il voulait se préparer à pouvoir braver ceux que les chefs infidèles inventaient contre les chrétiens. Enfin, ses vœux furent accomplis. L'heure sonna, et l'ordre qui l'envoyait au Japon, ou plutôt au supplice, cent fois plus terrible que la mort, fut accueilli comme une heureuse nouvelle qui venait délivrer son âme, affamée du Christ, des illusions trompeuses et des joies grossières de ce monde (1).

(1) Cette soif du martyre fait sourire aujourd'hui beaucoup de ces prétendus *esprits forts* qui ne donneraient pas une goutte de leur sang, qui ne sacrifieraient pas une de leurs habitudes mondaines pour cette Religion, dans le sein de laquelle ils ont eu le bonheur de naître. Mais toutes leurs railleries et tous leurs sourires ne sauraient empêcher le triomphe de la Foi : pour elle, les plus grands comme les plus simples, sauront faire le sacrifice de leur vie quand l'occasion s'en présentera. Il y aura toujours des martys : en soutane, en frac et en pantalon garance, sous le tricorne ou le képi, qu'ils soient armés du fusil qui tue ou de la croix qui fait vivre. Écoutez : • Vers 1840, sous le maréchal Vallée, 30 ou 40 soldats, ayant laissé surprendre leurs faisceaux, furent entourés et sommés de prononcer la formule de l'Islamisme. L'officier regarda silencieusement un de ses hommes, le plus près de lui.

— Mon officier, dit ce brave garçon, pour moi je ne *renonce* pas.

— Ni moi, reprit l'officier. — Ni moi, ni moi, dirent à l'exception de deux, tous les autres. Ils furent tous décapités sur place, et les deux réné-

III

La ville de Manille, d'où va partir la mission qui nous occupe, érigée en évêché par Grégoire XIII, en 1579, et, plus tard en archevêché, est située dans l'île de Luçon, reine des Philippines, découvertes en 1521, par le Portugais Magellan et appartenant, à cette époque, à la couronne de Castille. A dix degrés environ de latitude nord-est, se trouve le Japon, vaste archipel ayant presque la forme d'un croissant, où l'on compte quatre grandes îles, Nippon ou Niphon, Kiou-Siou, Sikok et Yesso, douze ou quinze d'une étendue médiocre, et plus de trois mille îlots, la plupart dépourvus d'habitants. Cet empire de trente millions d'âmes, découvert en 1269 par Rubrequis et le vénitien Marco Polo, reconnu par Mendez Pinto, et ouvert aux trafiquants Portugais en 1542, s'étend en face de la Chine, de la Corée et d'une partie de la Tartarie, dont il est un démembrement, s'il faut en juger par son sol éminemment volcanique et le morcellement de ses îles. Le mot *Japon* vient du mot chi-

gats emmenés captifs. L'un mourut bientôt, déchiré de remords ; l'autre put s'échapper, rejoignit nos postes, et l'on connut par lui la gloire de ses compagnons et sa honte. » (*L'Univers*, du 27 mai 1868). Le rapport officiel de ce fait, écrit de la main du général Lamoricière, doit se trouver aux archives du gouvernement. Si le maréchal Vallée ne le publia point à cette époque, « pour qu'il ne fut pas dit que 40 soldats français avaient été surpris par les Arabes, tués et non vengés », la gloire n'en est pas moins acquise à ces quarante martyrs de la Foi. Une formule, prononcée dans une langue qu'ils ne comprenaient pas, aurait pu leur sauver la vie ; mais il fallait *renoncer !* Ils aimèrent mieux mourir. Plaignons ceux qui ne comprennent pas un pareil dévouement.

nois, *Ge-paen*, qui signifie *Levant*, pays d'où le soleil se lève. C'est le *Cipangu* de Marco Polo, que cherchait Christophe Colomb, quand il trouva l'Amérique.

Deux souverains se partagent l'empire du Japon : le Daïri ou Mikado, empereur spirituel, résidant à Miako ; le Taïcoum, empereur séculier, résidant à Yeddo, et possédant la force réelle (1). Nangazaki, une des cinq villes impériales, est située à l'extrémité sud-ouest de l'île de Simo ou Kiou-Siou ; elle est entourée de collines et possède un port de 2 lieues 1/2 de longueur sur 3/4 de lieue de large où les navires sont à l'abri de tout les vents. Elle a compté jusqu'à soixante mille habitants. C'était la seule ville ouverte aux étrangers, c'est-à-dire aux Chinois

---

(1) « Nangazaki, dans l'île de Kiou-Siou ; Hakodatè, dans l'île de Yesso; Yokohama, dans la grande ile de Nippon, et les deux autres villes de Simoda et Osaka, ont été distraites du domaine des princes et sont administrées directement, sous le nom de villes impériales, par la cour de Yeddo, qui y entretient des gouverneurs. — On sait que Yeddo est la capitale politique du Japon et la résidence du taïcoum. Les taïcoums n'étaient primitivement que les lieutenants, les maires du palais du mikado, véritable souverain de l'archipel. Ils s'emparèrent peu à peu du pouvoir civil et militaire, laissant au mikado le pouvoir de conférer des titres honorifiques et l'environnant d'une cour somptueuse dans la ville de Miako, ancienne capitale de l'empire. » *Annales de la Propagation de la Foi*, mars 1868, p. 111, note.

Il paraît que, par suite d'une récente révolution, le mikado aurait repris le pouvoir civil et relégué le taïcoun dans une île ; mais les généraux résistaient sur plusieurs points.

Le n° 6 de la gazette publiée à Kioto, contenait une proclamation, affichée aux portes mêmes de Yokohama, portant que l'abominable religion chrétienne était absolument interdite, et édictant des peines contre ses fauteurs. Aussitôt, tous les représentants des puissances européennes au Japon se sont empressés d'adresser des protestations au gouvernement japonais. Le mikado aura beau faire, même dans le cas où il se maintiendrait au pouvoir. La croix est plantée au Japon ; la France la soutient : elle y restera.

et aux Hollandais ; et encore ces derniers étaient-ils obligés de se tenir dans l'ilot artificiel de Desima, où ils étaient rigoureusement surveillés.

Le voisinage de Manille devait porter bonheur au Japon. « Saint François-Xavier, dit Pie IX, dans la bulle de canonisation des saints Paul Miki, Jean de Goto et Jacques Kisaï, porta le premier la foi chrétienne au Japon, l'an 1549. Il la confirma pendant près de deux ans, par sa prédication et ses miracles, lui gagna un grand nombre d'hommes de toute condition et mérita ainsi d'être appelé l'apôtre de cette contrée. Après avoir été dans ces régions en butte à des périls extrèmes, les Pères de la Compagnie de Jésus donnèrent à sa grande entreprise de magnifiques développements : ils firent accepter le joug de J.-C. à plusieurs rois et gouverneurs de province, et en emmenèrent trois à Rome en qualité d'ambassadeurs, pour y reconnaître Grégoire XIII, notre vénérable prédécesseur, comme vicaire du Christ Notre-Seigneur sur la terre (mars 1585), déclarant se soumettre, eux et leurs sujets, à son autorité. Dans plusieurs royaumes du Japon, ces mêmes Pères fondèrent des églises, bâtirent des colléges, établirent des écoles et des séminaires. Sur ces entrefaites, Faxiba, homme d'une naissance obscure qui prit ensuite le nom de Taïco-Sama (1), subjuga par ses armes presque tous les rois ou princes, et se rendit maître de tout le Japon. Il était plein de haine pour la religion chrétienne ; mais habile à concerter ses mesures suivant les circonstances, tantôt il feignait d'en ignorer les progrès, tantôt il l'in-

____

(1) Le mot *Sama* est un adjectif qualificatif, qui entraîne l'idèe de grandeur et de puissance. Le Japonais dit, en parlant de Jésus : *Yesos-Sama*.

terdisait sous des peines sévères, tantôt il en permettait l'exercice, pour être agréable aux marchands portugais. L'an 1587, il interdit à tous ses sujets la religion chrétienne, proscrivit les pères de la Compagnie de Jésus dans tout l'empire, leur permettant toutefois de rester à Nangazaki, à cause des Portugais. » Le 5 février 1597, les trois jésuites japonais, mentionnés en tête de la bulle et vingt-trois franciscains recevaient la couronne du martyre ; et, le 8 juin 1862, Pie IX, au milieu des cardinaux et des évêques accourus de toutes les parties du monde, plaçait sur nos autels ces généreux confesseurs de la foi. D'après le P. de Charlevoix, le premier martyr du Japon aurait été une pauvre femme (1). L'humilité est la voie large du ciel. *Beati pauperes spiritu !*

Le premier persécuteur des missionnaires eut pour successeur Cubo-Sama, qui, dès 1614, signa un édit de persécution non-seulement contre les missionnaires de tous les Ordres, mais encore contre les personnes qui leur donneraient asile. Toutes les églises devaient être démolies et tous les Japonais chrétiens devaient abjurer sous peine de mort. L'édit et la persécution furent renouvelés en 1616, par Xogun-Sama. Aussi les différentes îles du Japon virent-elles couler le sang, tant des religieux européens que des naturels dont le cœur et les yeux s'étaient ouverts aux bienfaits de la Croix.

C'est une chose triste à avouer, mais la vérité nous

---

(1) Le P. Charlevoix, *Hist. de l'Eglise du Japon*, Paris 1751, t. 2, p. 140. Douze hommes du peuple, simples pêcheurs pour la plupart, annoncent cette religion qui doit changer de fond en comble la face du monde. Les pauvres, les humbles l'acceptent des premiers ; les lettrés ne vinrent qu'à la suite. Y eut-il jamais une révolution, **une religion plus démocratique?**

oblige de dire que cette persécution fut due aux instigations des Hollandais et des Anglais qui voulaient contrarier l'apostolat portugais et espagnol (1). Leur esprit mercantile se trouvait ici doublé de leur haine de sectaires. Les Hollandais, dont le premier établissement au Japon remontait à 1607, avaient seuls été autorisés à y conserver des relations; « mais le cœur se soulève de dégout à la vue des humiliations, des bassesses et des indignités de toute espèce par lesquelles cette nation égoïste achète son odieux monopole (2). » Qu'on ne se hâte pas de crier à l'exagération ; car tout le monde a pu les voir à l'œuvre, et la flétrissure leur a été imprimée par la plume honnête d'un de leurs historiens (3).

(1) Id. *loc. cit.* t. v. p. 269.

(2) *Encyclopédie du XIXᵉ siècle*, vᵘ Japon, p. 675. « C'est une marque, une flétrissure que ces deux nations porteront dans l'histoire, dit l'abbé Rohrbacher, jusqu'à ce que, revenues de leurs égarements, elles l'aient notablement effacée, et devant Dieu et devant les hommes, par leur zèle à propager la civilisation véritable, le christianisme total, et au Japon et ailleurs. » *Hist. univers. de l'Eglise cathol.* t. 25, p. 67.

(3) « L'avarice des Hollandais et l'attrait de l'or du Japon ont eu tant de pouvoir sur eux, que, plutôt que d'abandonner un commerce si lucratif, ils ont souffert volontairement une prison continuelle. C'est la pure vérité : l'on peut nommer ainsi notre demeure à Desima. Ils ont bien voulu essuyer une infinité de duretés de la part d'une nation étrangère et païenne, se relâcher dans la célébration du service divin, les dimanches et les fêtes solennelles, s'abstenir de faire des prières et de chanter des psaumes en public, éviter le signe de la croix et le nom de Jésus-Christ en présence des naturels du pays, et, en général, toutes les marques extérieures du christianisme ; enfin, *endurer patiemment et bassement le procédé injurieux* de ces orgueilleux infidèles, ce qui doit révolter une âme bien née. *Quid non mortalia pectora cogis, auri sacra fames!* » Kœmpfer, *Hist. du Japon*, t. IV, ch. VI. On sait que le procédé injurieux consistait à fouler la croix aux pieds, et les Hollandais trafiquants se soumettaient à cette pratique impie! Quelle différence avec nos soldats et nos missionnaires !

Notre intention n'est pas de dérouler sous les yeux de nos lecteurs les pages sanglantes de cette lamentable et glorieuse histoire. Nous ne mentionnerons qu'en passant le *grand martyre* qui s'accomplit le 10 septembre 1622, jour où cinquante-huit héros chrétiens furent exécutés sur une colline de Nangazaki, à cinq cents pas de celle où, le 5 février 1579, St Pierre Baptiste et St Paul Miki avaient été crucifiés avec leur vingt-quatre compagnons. Xogun-Sama, plus cruel que tous ses prédécesseurs, ferma enfin totalement les portes de son empire aux religieux étrangers; mais le sang des martyrs ne pouvait pas y avoir coulé en vain. La foi se maintenait, malgré la crainte des supplices, dans le cœur de nombreux fidèles; et c'était pour les encourager, pour les maintenir dans leur invincible croyance, c'était pour ramener encore quelques brebis égarées dans le bercail de l'église, que les Pères de la maison conventuelle de Manille sollicitaient la grâce d'aller aborder les côtes inhospitalières et terribles du Japon (1).

Et pourtant ce n'était pas chose facile de l'obtenir !

Le vice-roi des Philippines et celui des possessions portugaises avaient été avertis que s'ils permettaient aux patrons des navires de leurs nations d'embarquer aucun

---

(1) Voici un exemple de l'arrogance japonaise. « En 1640, quatre ambassadeurs portugais de Macao arrivèrent à Nangazaki avec une suite de 74 personnes. Sur leur refus d'apostasier, eux et leur suite furent arrêtés et mis à mort. Il n'y eut d'exceptés que treize matelots, renvoyés à Macao avec cet avertissement: Tant que le soleil échauffera la terre, qu'il n'y ait point de chrétien assez hardi pour venir au Japon et que tous le sachent; quand ce serait le roi d'Espagne en personne, ou le Dieu des chrétiens, le grand Schaka lui-même, qui violerait cette défense, il le paierait de sa tête. » *Annal. de la Propag. de la foi,* mars 1868, p. 103.

prêtre ou religieux pour être transporté au Japon, l'empereur leur déclarerait la guerre. C'était donc furtivement que quelques missions avaient pu être organisées et les Pères découverts avaient payé de leur tête leur glorieuse désobéissance.

Quelques Espagnols ayant été jetés par la tempête sur l'île de Liou-Kiou, vers la fin de l'année 1634, furent aussitôt arrêtés et visités rigoureusement ; quand le gouverneur se fut assuré qu'ils n'étaient ni prêtres ni religieux, il les fit remettre en liberté. Mais le bruit de leur arrivée s'était répandu dans les pays circonvoisins ; malgré les édits de l'empereur, les chrétiens de la contrée accoururent les priant de les confesser et les assurant que si les religieux de Manille voulaient venir dans le Japon, ils favoriseraient leur entrée, pourvu qu'ils fussent en costume séculier. De retour aux Philippines, ces Espagnols ébruitèrent l'aventure.

L'espoir d'un succès était trop évident pour qu'une mission fût différée davantage. Plusieurs religieux se présentèrent aux supérieurs pour réclamer cette grâce : ils brûlaient de marcher sur les traces de leurs frères, entrés au Japon en 1601, et où le plus grand nombre avait perdu la vie. Les supérieurs ne jugèrent pas à propos d'exposer tout d'abord tant de vies précieuses ; ils choisirent trois Pères dont le mérite était le plus reconnu ; car, c'est une coutume aussi louable et sainte que généreuse de la province du St-Rosaire des Philippines, qu'on choisit toujours, pour les missions de la Chine et du Japon, les plus savants et les plus distingués de la province, se souciant bien peu, dit l'historien espagnol, de se priver des secours et des services qu'on pourrait en retirer dans la suite, pourvu qu'on procure la conversion des infidèles et qu'on établisse soli-

dement le royaume de J.-C. sur les ruines de l'idolâtrie
et de l'impiété.

On désigna pour cette mission les Pères Guillaume
Courtet, en religion F. Dominique de St-Thomas, premier
lecteur en théologie, Michel de Ozaraza ou du St-Rosaire,
biscaïen, Antoine Gonzalès, second lecteur, qui fut établi
vicaire et supérieur de la mission, et un prêtre japonais
de qualité, nommé Xivozzuca, lequel, enflammé du désir
d'aller prêcher ses compatriotes, avait demandé l'habit
de dominicain, qu'il obtint avec le nom de Vincent-de-la-
Croix. Ce sont là les quatre Frères-Prêcheurs que le
P. Alexandre de Rhodes, jésuite avignonais, appelle *les
plus grands martyrs du Japon.* Un autre Japonais et un
chinois, nommé Laurent Ruiz, tous deux séculiers et
bons chrétiens, demandèrent à faire partie de l'expédition ;
mais les ordres sévères du gouverneur paraissaient devoir
l'entraver. Cependant, alléché par l'offre d'une grande
somme, un pilote consent à recevoir et à transporter nos
religieux. Malheureusement, le gouverneur a vent de ce
qui se prépare ; il fait brûler l'embarcation et arrêter le
pilote, qui ne dut la vie qu'aux pressantes sollicitations
faites en sa faveur. Il fallait trouver un autre moyen.

Nous ignorons comment on s'y prit. « Ce moyen est si
secret, dit naïvement le P. de Ste-Marie, qu'il ne le faut
pas dire, pour faire qu'il serve toujours à nos Pères, jusqu'à ce que la persécution cesse. Si on le publiait maintenant, quelque rénégat hollandais ne manquerait d'en
donner avis et aux gouverneurs de Manille et aux minis-
tres du Japon, comme leur rage contre la foi a déjà fait en
diverses rencontres. » Quoi qu'il en soit, navire, pilote,
matelots, tout finit par se trouver prêt ; les gardes-côtes
espagnols furent trompés ou voulurent bien fermer les

yeux, et, le 10 juin 1636, nos religieux, revêtus d'habits séculiers, purent s'éloigner de Manille par un vent favorable. Avant de mettre à la voile, le P. Courtet avait écrit la lettre suivante au R. P. Général de l'Ordre :

« La main de Dieu n'est pas encore raccourcie, puisqu'aujourd'hui même et très secrètement, après avoir trouvé une autre embarcation, nous partons avec joie pour le Japon. Nous sommes quatre religieux de cette province, dont le premier est le Recteur du Collége de St-Thomas, homme aussi recommandable par sa piété que par son instruction, et moi-même, qui vous écris ceci, quoique indigne, j'ai le même bonheur par une bonté spéciale de Dieu, avec deux autres prêtres et deux laïques. Donnez donc, vénérable Père, votre sainte bénédiction à vos fils ; nous prierons Dieu assidûment pour la conservation de votre Révérendissime Paternité et je vous supplie pour qu'elle subvienne à la multitude de mes maux avec sa bonté paternelle et accoutumée.

A Manille, le jour même de notre départ, 10 juin 1636.

« F. Guillaume Courtet. (1) »

---

(1) Nous donnerons le texte de cette lettre, puisque c'est la seule connue du P. Guillaume Courtet. « *Non tamen est abreviata manus Domini, siquidem hodie occultissimè, præparato alio navigio, Japoniam læti digredimur quatuor religiosi hujus provinciæ : de quorum numero est hujus Collegii Divi Thomæ Rector, homo plane doctissimus et religione non minor : et ego ipse, qui hæc scribo, licet immeritus et indignus, sortem, quæ mihi venerat, sola Domini bonitate complexus, una cum illo proficiscor et ex sacerdotibus alii duo et duo laici. Emite ergo, venerande pater, his Filiis benedic'ionem tuam sanctam; nos enim assidue Dominum pro vestræ reverendissimæ paternitatis salute jure debito deprecabimur, et tantæ malorum meorum inundationi, solitá pater naque benignitate subvenias obsecro Datum Manillæ in ipso profectionis nostræ die 10 Junii 1636, F. Guillelmus Courtetus.* — D'après

Mais pilote et matelots n'étaient pas fort habiles. « Ils ne savaient guère leur métier, ne l'ayant peut-être jamais fait. » Un vent contraire, qui amena une grande pluie, s'étant levé, il fallut bientôt, trempés des eaux de la mer et du ciel, relâcher dans l'île de Macinglo et attendre un vent favorable. Ce n'est que le 10 juillet suivant qu'ils purent toucher l'île de Liou-Kiou, dans un petit golfe peu fréquenté. Le pilote se hâta de retourner à Manille où il put annoncer l'heureux débarquement des Pères.

Après avoir caché leurs habits et les objets sacrés du culte, se répandirent-ils dans le pays pour exercer leur divin ministère ? c'est ce qui est probable, quoique les détails ne soient pas venus jusqu'à nous. Ce que nous savons, c'est que bientôt découverts, ils furent arrêtés avec beaucoup de violence et jetés en prison. Ils y demeurèrent une année entière, exposés aux mauvais traitements et aux sévices dont sont capables des barbares et des officiers subalternes qui veulent se faire un mérite aux yeux de leur maître. Ce long retard s'explique aussi par les difficultés des communications et les lenteurs administratives, le gouverneur ayant écrit à la cour de Yeddo pour que l'on prononçât sur le sort de ces criminels. L'ordre arriva enfin de les transporter à Nangazaki, pour qu'ils y subissent la peine de leur témérité et de leur désobéissance. Deux barques sont aussitôt préparées. Dans la première montent les PP. Courtet, Michel Ozaraza

les PP. Quétif et Echard, Guill. Courtet écrivit plusieurs lettres au Général de l'Ordre Nicolas Ridolfi, à Rome, pour rendre compte de sa mission et qui sont conservées aux archives de l'Ordre. *Scripsit Manillæ plures ad magistrum ordinis F. Nicolaum Ridolphi Roman epistolas, quibus missionis suæ rationem reddit, in archivo Ordinis servatas.* (t. ii, p. 495.)

et Vincent de la Croix ; quelques jours après, une seconde
barque recevait les deux séculiers et le P. Antoine Gonzalès, dont la maladie avait retardé le départ. Tous avaient
les fers aux pieds et les mains liées.

C'est ainsi que notre mission dominicaine entra dans
cette voie douloureuse qui devait la conduire à « Nangazaki la sainte, toute empourprée du sang des martyrs, »
comme dit le P. André-Marie (1). Ils savaient le sort cruel
qui leur était destiné ; mais ils savaient aussi qu'il vaut
mieux obéir à Dieu qu'aux hommes et, comme Tertullien
dans son *Apologétique*, ils voulaient pouvoir dire à leurs
bourreaux : « Nous nous multiplions à mesure que votre
faux nous moissonne. *Plures efficimur quoties metimur à
vobis.* »

<h1 style="text-align:center">IV</h1>

C'est le 13 septembre 1637, veille de la fête de l'Exalta-
tion de la Ste-Croix, à quatre heures du soir, que les trois
premiers Pères turent jetés dans les prisons de Nangazaki.
Quelques jours après, le juge les fit comparaître devant
lui. Ils sortirent escortés par des archers et des soldats,
comme des coupables chargés des plus grands crimes,
tandis qu'ils ne faisaient paraître qu'un visage joyeux et
un courage intrépide. Interrogés sur leur condition, ils
répondirent unanimement qu'ils étaient religieux de l'Ordre de Saint-Dominique, exerçant le ministère de prêtres
catholiques. Le P. Vincent de la Croix ajouta qu'il était
japonais de nation et qu'il avait, depuis peu, fait profession
dans cet Ordre.

---

(1) *Mission dominicaine dans l'extrême Orient.* T 1.

On leur demanda ensuite s'ils savaient qu'au Japon il existait les règlements les plus sévères pour empêcher qu'aucun religieux ne pénétrât dans l'intérieur du pays, et s'ils connaissaient les peines édictées contre les contrevenants : — « Nous étions très bien instruits de l'un et de l'autre, répliquèrent-ils, nous n'ignorions pas les supplices dont on nous menaçait et qu'on a fait subir déjà à plusieurs de nos frères. Ces règlements et la rigueur extrême avec laquelle ils sont appliqués, sont connus du monde entier ; mais néanmoins nous sommes venus au Japon pour baptiser les enfants innocents, fortifier les fidèles, relever ceux que la crainte de la persécution avait pu faire chanceler et enseigner à ceux qui sont infidèles les véritables voies du salut, en leur prêchant la foi pure, la loi sainte et la divinité du Christ. » — Voilà, dit le juge, une bien grande imprudence de s'être exposé à perdre la vie, sachant la vigilance que nous déployons pour découvrir ceux qui pénètrent dans notre empire. » — « S'il nous avait paru tout à fait impossible, répliquèrent nos courageux confesseurs, de ne pouvoir éluder les précautions de vos officiers, nous serions peut-être répréhensibles ; mais parce que l'expérience a prouvé bien souvent qu'on trouve le moyen de pénétrer dans cet empire, malgré la vigilance qu'on apporte à en défendre l'entrée, et que plusieurs prêtres et religieux y ont subsisté cachés et déguisés et remplissant leurs fonctions apostoliques, nous avons cru que nous serions assez heureux pour ne pas être pris. Puisque le Dieu du ciel et de la terre a permis le contraire, nous voulons, par l'effusion de notre sang, glorifier son saint nom, animer par notre constance les chrétiens chancelants et édifier, par notre fidélité à Jésus-Christ notre Rédempteur, tous les fidèles du Japon. »

Le juge leur demanda alors si on avait établi dans Manille un séminaire pour les Japonais, et si c'était par l'ordre
du gouverneur ou avec un de ses vaisseaux qu'ils fussent
venus au Japon. — « On avait bien commencé ce bâtiment pour y élever et y instruire les Japonais dans la
religion chrétienne, dit le P. Courtet, mais il n'a pas été
achevé. Quant au gouverneur de Manille, il n'a contribué
en rien à notre départ; au contraire, il veille sans cesse
à ce que les prêtres et les religieux ne prennent point cette
route, et nous savions que notre embarquement était entièrement opposé à ses intentions. Nous sommes redevables à notre Provincial seul du vaisseau qui nous a conduits; car c'est lui qui nous l'a procuré, et le pilote était
un autre religieux de notre ordre, qui en avait fait autrefois le métier (1). »

A la taille, au teint et à l'accent du P. Guillaume, le
juge reconnut bientôt qu'il n'était pas espagnol. Il lui dit,
en conséquence, que jamais au Japon on n'avait vu jusques-
là des missionnaires de sa nation, et qu'il devait aller
rejoindre les Hollandais. — « Je suis très éloigné d'être Hollandais, répondit notre saint religieux, ces gens-là sont
des hérétiques, ennemis de Dieu et de son Église, qui ne
veulent se soumettre ni à ses lois ni à ses ordonnances.
Je suis Français de nation, catholique romain, et je ne suis
venu au Japon que pour enseigner à ses habitants le vrai
chemin du salut. »

On lui demanda s'il était théologien; il répondit qu'il
était théologien et lecteur en théologie, et que le P. Mi-

---

(1) D'après ce que nous avons vu plus haut, l'équipage n'était peut-
être pas à la hauteur du pilote. Quoi qu'il en soit, le *moyen secret* du
P. Ste-Marie est révélé par la déclaration du P. Courtet. Le bateau avait
été fourni par le Provincial et le pilote était un Dominicain.

chel, quoiqu'il ne fût pas lecteur, était cependant très bon théologien.

Dans la salle où avait lieu l'interrogatoire, se trouvait un rénégat japonais appelé Thomas, autrefois ecclésiastique envoyé à Rome avec quelques jésuites, mais que la rigueur des lois et la crainte de la mort avaient fait retomber dans l'idolâtrie. Voyant la résolution des Pères à souffrir tous les supplices plutôt que de renier leur foi, il essaya de les ébranler et les exhorta en latin à faire comme tant d'autres. Le P. Michel, à qui il s'était adressé le premier, lui ferma immédiatement la bouche par cette foudroyante réponse : — « Puisque vous parlez si bien le langage de l'Église latine, il faut que vous soyiez quelque rénégat de notre sainte religion, car vos discours qui s'accordent fort bien avec les règles de la grammaire, sont entièrement opposés aux vérités que vous avez dû apprendre. » Couvert de confusion, le rénégat se retira sans bruit de l'assemblée. Il se faisait justice. Généralement les gens de cette espèce sont plus acharnés que les infidèles contre la foi qu'ils ont désertée.

Le juge, convaincu par toutes ces réponses, que ni les raisonnements, ni les prières ne convaincraient ces *rebelles* à changer ni de sentiment, ni de religion, les fit conduire au lieu du supplice, où déjà tout était préparé pour leur faire subir leur premier tourment. C'était celui *de l'eau*. Au moyen d'un entonnoir, on leur faisait avaler autant d'eau que leur estomac et leur corps pouvait en contenir, comme si on avait voulu remplir un tonneau, dit le chroniqueur espagnol (1). On les renversait ensuite par terre et on posait des planches sur leur corps ; les bourreaux

____

(1) *Como si llenaren una pipa.* Le P. Aduarte, *loc-cit...*

sautaient dessus et, les pressant avec violence, ils les forçaient à rendre, au milieu des plus cruelles douleurs, par la bouche, les narines, les oreilles et les yeux, cette eau teinte de leur sang. Chacun d'eux dut ainsi absorber et regorger deux mille *azumbres* de liquide (1). Ce terrible supplice s'était renouvelé trois fois !

Les bienheureux Pères Guillaume Courtet et Michel du St-Rosaire, bien loin de perdre courage, faisaient retentir l'air des hymnes qu'ils chantaient en présence des bourreaux et des chrétiens cachés qui assistaient à ce triste spectacle. Ils annonçaient et prêchaient la foi de J.-C. aux idolâtres, ne cessant de les exhorter d'accourir à la voix du divin pasteur. Mais, hélas ! la conduite du P. Vincent fut bien différente ! Ce pauvre Japonais, vaincu par les tourments soufferts, et épouvanté de ceux dont il était menacé, renia malheureusement la foi. Impénétrable jugement de Dieu ! cet homme qui avait enduré l'exil pour la religion, qui avait bravé tous les dangers pour secourir les chrétiens du Japon, qui avait vécu d'une manière si sainte et si édifiante à Manille et travaillé utilement, par ses instructions, pour le soutien de cette Église affligée, cet homme succomba lâchement au moment de recevoir la couronne triomphale.

La chute funeste du P. Vincent fut plus sensible à ses deux généreux compagnons que les tourments exercés contre eux. Cependant le juge les renvoya tous les trois en prison : il espérait peut-être que la lâcheté ou les conseils du Japonais amèneraient une rétractation. La nuit se passa

---

(1) *L'azumbre* est la huitième partie de *l'arroba* qui peut être évaluée à douze litres ; elle représente un litre et demi. Deux mille azumbres équivalent donc à trente hectolitres.

en prières du côté des glorieux martyrs Guillaume Courtet et Michel Ozaraza, afin de se fortifier contre les nouveaux supplices, et demander à Dieu le retour de leur frère.
Ils lui parlèrent avec beaucoup de zèle et de force ; mais
Dieu ne voulut pas encore les exaucer et accorder à cet
apostat la grâce de se relever. Le jour suivant vit se renouveler le même supplice de l'eau. Le P. Vincent n'en
fut pas exempt ; on le punissait, non pas comme chrétien,
mais comme Japonais qui avait transgressé les lois de son
prince, en favorisant l'entrée de personnes étrangères. Son
infidélité, cependant, commençait à lui torturer le cœur,
ce qui le jeta dans une tristesse et une mélancolie extraordinaire, quand il n'entrevoyait que joie et allégresse
dans ses frères.

Au tourment de l'eau fut ajouté un autre supplice, celui
des alènes. Les bourreaux, ayant fait asseoir nos religieux
sur un banc, les lièrent à un poteau placé derrière eux,
les bras croisés sur la poitrine ; puis, entre l'ongle et la
chair de chaque doigt, ils enfonçaient de longues alènes
ou aiguilles jusqu'à la seconde phalange (1) ; mais comme
les pères Guillaume et Michel redoublaient leurs cantiques
de louanges et ne cessaient de bénir et d'invoquer la reine
du sacré Rosaire, les bourreaux, sur l'ordre du juge,
frappaient sur les aiguilles avec un bâton, pour qu'elles
pénétrassent jusqu'à l'extrémité des doigts. « Oh ! qu'elle
douce harmonie pour le paradis ! » s'écriaient-ils, et à la
vue des gouttes de sang qui découlaient avec abondance
de leurs doigts : « Jésus, Jésus, quels beaux œillets sont

(1) *Instar acûs, quá mulieres uti solent ad ornandos discernendos que
capillos.* V. la lettre du général N. Ridolfi citée dans l'ouvrage de J.-J.
Percin, *Monumenta conventûs Tolosani*, etc., p. 209, 210.

sortis de mes doigts ! oh ! les belles roses ! qu'elles sont vermeilles ! Mais qu'est-ce que le sang que nous versons pour vous, ô Jésus, en comparaison de ce torrent que vous avez répandu pour nous ? » On les contraignait ensuite à gratter la terre avec les alènes plantées dans les doigts et ils répétaient avec un nouveau transport de joie et d'amour : « Ah ! quel beau chemin pour aller au ciel ! »

Le P. Vincent éprouvait bien les mêmes supplices ; mais Dieu ne le soutenait plus de sa grâce, et l'ayant abandonné aux faiblesses de la nature, il en ressentait toute la dureté, sans aucune consolation. Aussi devint-il le jouet et la raillerie de ces barbares. Lorsqu'on lui faisait avaler l'eau ou qu'on lui enfonçait les aiguilles dans les doigts, il était agité de convulsions si étranges, qu'il fallait *trente hommes* pour le contenir, quand un seul suffisait pour torturer chacun de ses compagnons. Ils tendaient d'eux-mêmes leurs doigts aux bourreaux. Leur patience et leur résignation remplissaient de stupeur les personnes présentes. Les bourreaux eux-mêmes ne purent retenir leurs larmes. Comme pour s'excuser de leur cruauté à l'endroit de ces pauvres victimes, ils leur disaient : « Mais aussi, pourquoi venez-vous chercher de si rigoureux supplices ? » A quoi le P. G. Courtet répondit avec fermeté : « Ecoutez avec attention ce que je vous dis et répétez-le aux juges. Nous ne venons pas au Japon pour mourir, mais pour prêcher la divine croyance du Christ, du vrai Dieu ; pour enseigner à ceux qui nous entendent à se sauver, non à mourir, mais à donner, s'il le faut, leur vie pour Dieu, en défendant sa cause ; qu'ils sachent que c'est là notre but ; que c'est dans ce sens et pour cette fin seulement qu'ils doivent s'expliquer notre venue ici et non pour mourir, comme ils le disent. »

Cependant les martyrs, réduits à l'extrémité, semblaient sur le point de rendre l'âme. Le juge leur fit dire que s'ils voulaient renoncer à leur foi, on leur sauverait la vie. O merveille de la grâce ! ces pauvres martyrs, couchés par terre, la face vers le ciel, les mains criblées de ces terribles aiguilles, pour ainsi dire agonisants, en entendant *ces langues vipériennes*, comme dit un des chroniqueurs, semblèrent ressusciter et prendre une vigueur toute nouvelle. « En vérité, s'écria d'une voix forte le P. Courtet, voilà une proposition bien agréable ! Comme si nous étions venus d'Europe pour commettre une si grande lâcheté ! »

Rien ne pouvait plus faire fléchir leur courage. Le juge commanda aux bourreaux de les porter en prison sur des brancards : on les enchaîna et ils n'étaient plus capables de se soutenir debout. Afin qu'ils pussent ressentir plus vivement la douleur de leur supplice, on les sépara les uns des autres par des cloisons ; mais celles-ci ne les empêchèrent pas de pouvoir se parler. Guillaume et Michel oublièrent aisément tout ce qu'ils avaient souffert eux-mêmes, pour ne songer qu'à la perte de leur frère Vincent. Ils lui représentèrent avec force l'énormité de son crime, le scandale donné à l'Eglise du Japon, son ingratitude pour tant de grâces reçues, et enfin l'inutilité, pour son salut, des tourments qu'il endurait. Cette fois, la voix des deux martyrs ne monta pas en vain aux pieds de Dieu. Le Père céleste abaissa un œil de pitié sur la brebis égarée. Vincent de la Croix reconnut sa faute, pleura son péché et, après s'être purifié dans la piscine de la pénitence, avoua, le lendemain, devant le juge, sa lâcheté et son apostasie, la détesta avec beaucoup de larmes et ayant fait sa profession de foi au public, il déclara qu'il était prêt à endurer tous les tourments imaginables, tant pour réparer sa faute qu'afin de glorifier Jésus-Christ.

Le juge, étrangement surpris d'un changement aussi inopiné, ordonna qu'on le soumit de nouveau au tourment de l'eau et avec la dernière rigueur ; mais le nouve lathlète de la foi l'endura avec une joie et une patience invincibles.

On inventa alors un nouveau supplice. On les pendit tous les trois par les pieds, la tête en bas, les plongeant dans un tonneau rempli d'eau jusqu'à ce qu'ils fussent sur le point d'étouffer. On les retirait alors pour les replonger de nouveau (1). Comme ni les promessés ni les menaces ne purent réussir à leur faire renier le Christ, on les reconduisit en prison. Ils n'avaient pris aucune nourriture depuis trois jours. Le géolier leur ayant demandé s'ils voulaient quelque chose, ils répondirent tous qu'ils ne souhaitaient que de finir leur vie pour Jésus-Christ leur Sauveur. Néanmoins, ils se décidèrent à accepter quelque nourriture afin de puiser de la force contre de nouveaux supplices.

C'est dans cette obscure prison qu'ils eurent la douce consolation de rencontrer le P. Gonzalès et les deux laïques embarqués avec lui. Arrivé le 21 septembre seulement, il fut soumis par deux fois au supplice de l'eau ; mais déjà affaibli par la fièvre, il rendit l'âme le 24, pour aller jouir de la gloire due aux martyrs, après avoir regagné à Dieu les deux séculiers qui avaient un peu chancelé.

---

(1) Sed aquœ multæ non poterant charitatem extinguere, et aqua divina quœ in ipsis erat, saliebat in vitam œternam. Lettre du général, etc., (V. la note précédente).

Le 27 septembre, Guillaume Courtet, Michel du Saint-Rosaire, Vincent de la Croix et les deux laïques, la moitié de la tête rasée, et la moitié du visage peint en rouge, pour exciter la dérision des petits enfants et de la populace, sont conduits au lieu de supplice, sanctifié déjà par le sang de tant de martyrs. Le peuple les accablait d'injures et d'insultes ; eux, joyeux de souffrir pour le nom de Jésus-Christ, chantaient les louanges de Dieu. On avait préparé cinq fosses avec autant de potences basses. Descendus du cheval où on les avait mis à cause de leur faiblesse, on les attacha chacun à une potence, les pieds en haut, afin de leur faire subir le *supplice de la fosse*, qui passe, parmi les Japonais, pour le plus cruel et le plus barbare. Les bourreaux les enfoncent dans ces fosses remplies d'immondices, jusqu'au delà de la ceinture, et ferment la fosse au moyen de planches échancreés, recouvertes de pierres, afin qu'on ne pût rien entendre de ce qu'ils disaient et qu'ils ressentissent toutes les rigueurs de ce supplice. On espérait que le sang, en se portant à la tête, finirait par les étouffer ; mais eux n'étaient occupés que de bénir Dieu, s'animant les uns les autres pour couronner dignement leur sacrifice (1). Les bourreaux mêmes, surpris d'une force si invincible, ne pouvaient assez admirer la fermeté de ces chrétiens. Quelques Japonais les entendirent parler fort haut ; se méprenant sur le sens de leurs paroles, le juge leur fit dire encore une fois qu'il était prêt à leur accorder la vie, s'ils voulaient lui obéir.

---

(1) Infixi sanè in limo profundi : Sed descendebat spiritus christi in foveam et in vinculis non derelinquebat eos, in quo supplicio horrendissimo tota hâc et sequenti die mauserunt. (Voir les deux notes précédentes.)

Tous répondirent que non ; qu'ils étaient en possession de ce qu'ils avaient désiré le plus passionnément en cette vie, tant du cô é de Dieu que du côté de leur supérieur ; qu'ils suppliaient le juge et ses officiers de leur pardonner la peine qu'ils leur avaient donnée, notamment quand ils étaient en prison.

A la vue de tant de courage et de tant de force, peut-on ne pas se rappeler ces belles paroles du prophète Isaïe : « Ceux qui espèrent dans le Seigneur trouveront des forces toujours nouvelles ; ils s'élèveront sur des ailes comme l'aigle, ils courront sans se fatiguer et ne tomberont jamais en défaillance (1). »

Muets d'étonnement, le juge et ses officiers furent forcés de reconnaître la sainteté, la vertu et la constance des chrétiens ; désespérant d'en avoir raison, ils les firent retirer des fosses au bout de deux jours. Les deux confesseurs séculiers furent trouvés morts. Le P. Vincent de la Croix était si affaibli qu'il ne pouvait se tenir debout. Le juge prononça enfin la sentence de mort qui fut accueillie avec joie. Le P. Vincent fut décapité couché par terre. Le P. Guillaume Courtet et le P. Michel Ozaraza, puisant des forces dans leur faiblesse, s'embrassèrent avec beaucoup de tendresse. « J'aurais beaucoup de choses à vous dire, dit alors le P. Michel au P. Guillaume, mais je les réserve pour le paradis, où jamais nous ne serons séparés.» Puis, à genoux, les mains jointes sur la poitrine, les yeux levés vers le ciel, ils tendirent leur cou aux bourreaux, en prononçant le noms de Jésus et Marie. Leurs têtes tom-

___

(2) Qui autem sperant in Domino, mutabunt fortitudinem, assument pennas sicut aquilœ, current et non laborabunt, ambulabunt et non deficicut. Isa. XL 31.

bèrent le 29 septembre 1637, et leurs belles âmes allèrent prendre possession des palmes et de la couronne qui leur étaient préparées.

Les corps des cinq martyrs furent immédiatement brûlés et leurs cendres, avec la poussière même qui avait été sanctifiée de leur sang, furent portées et jetées en mer, à trois lieues du port de Nangazaki, pour qu'il n'en restât aucune relique aux mains des chrétiens.

Tous ces détails furent transmis dans le temps par les chrétiens portugais et japonais qui assistèrent au supplice, aux Pères de la province du St-Rosaire des Philippines et le R. P. Nicolas Ridolfi, général de l'Ordre, donna un abrégé de cette relation dans sa lettre commune à tout l'Ordre, datée du 1er novembre 1641, à Rome, de Sainte-Marie-sur-la-Minerve. Mais déjà le martyre du P. Guillaume Courtet était connu en France, puisque, le 1er septembre de cette même année, les écoliers en théologie de Béziers lui dédièrent leur thèse, dont l'épître dédicatoire est citée par le P. Jean de Sainte-Marie. Le bienheureux martyr y était représenté à genoux, étendant ses mains hérissées d'aiguilles et adressant au Seigneur les quatre vers suivants :

> Christe, manus roseâ stillantes aspice gutta,
> Quasque tibi gemmas ex Oriente fero.
> Da mihi pro gemmis animas, populique rebellis
> Saxea corda mei sanguinis imbre doma.

Le farouche empereur Xogun-Sama, en inventant le supplice des *alènes* et de la *fosse*, en multipliant les exécutions et en fermant enfin totalement les portes de son Empire aux missionnaires et à l'Évangile, avait cru établir une barrière infranchissable contre cette religion qu'il ne connaissait que par le généreux et intrépide dévouement de ses représentants ; mais là où coule le sang d'un martyr, l'arbre de la Croix jette des racines profondes. Ce ne pouvait pas être en vain que tant de religieux de tous les Ordres eussent, au prix de leur vie, semé la parole divine au milieu de ces populations à-demi sauvages. Ils y avaient jeté les fondements d'une Eglise ! Or, cette pauvre et petite Eglise avait conservé jusqu'à nos jours, sans prêtres et sans autel, le précieux dépôt de la Foi; c'est ce qu'a révélé naguère au monde étonné la bouche auguste de Pie IX, et ce que corroborent les relations de nos missionnaires (1). Cela devait porter son fruit. Aujourd'hui, voyez quelle différence !

(1) « Dans ce village, pas un livre et néanmoins la plupart des habitants savaient par cœur l'Oraison dominicale, la salutation Angélique, le symbole des apôtres, le *Confiteor*, le *Salve Regina*, etc. Une famille possédait une image représentant les quinze mystères du Rosaire ; les gens du village et des environs venaient vénérer cette image qu'ils croyaient avoir appartenu aux anciens missionnaires. Remarquons ici avec quel soin les premiers apôtres du Japon et leurs successeurs immédiats avaient, à l'approche des protestants hollandais, inculqué aux fidèles trois points de l'enseignement catholique directement opposés aux erreurs nouvelles : la primauté du Saint-Siége, le célibat ecclésiastique, le culte de la Sainte Vierge. Ce fut sur ces trois points, en effet, que portèrent les premières questions adressées aux missionnaires, et les signes auxquels les chrétiens Japonais les reconnurent pour pasteurs légitimes. » *Annal. de la prop. de la foi*, mars 1868, p. 123. « Notre ministère ne serait pas stérile, écrit un autre missionnaire, si un bras de fer ne retenait l'élan de la foule vers la vérité. Cette foule en a une soif d'autant plus ardente, que les mille sectes en vogue ici la laissent dans une incertitude inexprimable sur toutes les questions dogmatiques qu'il importe le plus à l'homme de connaître. Dans ce flot d'erreurs qui les entraîne, les Japonais saisissent avec empressement la branche de salut qu'ils entrevoient. Donnez-leur la liberté, et les conversions se feront par milliers. » *Annales, etc.*, ibid. p. 115. Depuis le milieu du XVIe siècle jusqu'à nos jours, que de missionnaires catholiques ont arrosé de leur sang toutes les plages de l'extrême Orient ! Les pro-

Une expédition des Etats-Unis, en 1854, fait ouvrir par un traité quelques ports aux Américains. Dans une convention entre le Japon et la Hollande, signée le 23 août 1856 et ratifiée le 16 octobre 1857, il est dit, article 6 : « Le gouvernement Japonais s'engage à abolir ou à laisser tomber en désuétude la coutume dite de fouler aux pieds l'image. » Tardif désaveu d'une bien longue ignominie ! — Sous notre influence, les autres traités avec les différentes nations chrétiennes ont enregistré la même garantie. Il y a plus encore.

Les ambassadeurs du Taïcoum, le descendant politique de Toxungun-Sama, viennent se prosterner humblement devant le souverain de la nation française. Son fils aîné vient à Paris pour se faire initier aux secrets de la civilisation européenne. Mais ce qui a du réjouir dans le ciel l'âme de tant de martyrs, c'est que, depuis le 25 février 1863, le saint sacrifice de la messe est célébré publiquement dans la ville de Nangazaki et que la Croix dorée s'élève majestueusement sur les trois clochers de l'église Saint-Pierre-Baptiste et ses compagnons, bâtie peut-être sur l'endroit même où fut immolé Guillaume Courtet. Une loi, solennellement promulguée au mois de mars 1868, déclare que « toute insulte faite à des étrangers dans l'empire Japonais serait considérée et punie comme un crime de la plus haute gravité, entraînant une peine infamante. » Là, comme ailleurs, comme partout, la liberté ne peut qu'être favorable aux progrès de la religion.

testants et les anglicans surtout, ceux qui font le plus de bruit, seraient bien en peine de citer un martyr; mais en revanche leurs missionnaires, vrais agents politiques et commerciaux, ne font pas mal leur petites affaires !

4

Il est donc incontestable qu'une ère nouvelle, une ère de progrès et de civilisation, vient de s'ouvrir pour ces régions de l'extrême Orient. On ne saurait méconnaître le rôle important qui revient à la France; mais y aurait-il de la témérité à penser que Dieu qui, selon l'expression de l'apôtre, « a choisi les faibles selon le monde pour confondre les puissants, » s'est laissé fléchir en faveur de ce pays par le sang de tant de martyrs et peut-être par celui du V. P. Guillaume Courtet, premier martyr français au Japon ?

L'Ordre de Saint-Dominique réalise ce passage du Psalmiste : « Leur voix s'est faite entendre par toute la terre et leur parole a été portée jusqu'aux extrémités du monde. » Aussi a-t-il mérité d'être appelé par Clément IV *la ville forte de l'église et la lumière des nations*. Ce lui sera toujours une grande gloire d'avoir porté la bonne nouvelle dans les parties les plus reculées du monde et de compter parmi ses généreux et intrépides messagers de la Foi, celui dont nous avons essayé d'écrire la biographie.

L'illustre et immortel Pontife qui, le dimanche 7 juillet 1867, dans la basilique Vaticane, a béatifié 205 martyrs Japonais, ne voudra pas refuser une place sur nos autels à ceux des apôtres missionnaires, qui, par les traces de leur sang, leur ont enseigné la route du ciel. Nous attendons cette béatification avec soumission et confiance. Nos cœurs et notre foi (qu'on veuille bien nous le pardonner!) ont déjà sanctifié le P. Guillaume Courtet, et puisse son intercession être un jour favorable à l'humble auteur de cette *Notice*, à son fils Alexandre, ainsi qu'à tous les siens !

Avignon le 3 décembre.
Jour de Saint François-Xavier.

LISTE

DES AUTEURS CITES DANS LA NOTICE.

Plusieurs hagiographes français et étrangers se sont occupés de notre V. P. Guillaume Courtet. Nous avons largement mis leurs travaux à contribution et quelquefois même nous n'avons fait que les copier, afin de conserver au récit sa simplicité primitive. Notre intention n'a pas été de faire une œuvre originale ou littéraire ; nous avons voulu seulement raviver le souvenir d'un martyr à la famille duquel nous nous faisons honneur d'appartenir et aider, s'il est possible, à la canonisation dont il est grandement question. Voici, du reste, les titres des ouvrages que l'on peut consulter :

1. — *Historia de la provincia del Santo Rosario de la orden de predicatores en Filippinnas, Japon y China por el reverendissimo don Fray Diego Aduarte, Obispo de la Nueva Segovia. Anadida por el mey R. P. F. Domingo Gonçalez, commissario del santo officio, etc., etc. Manila, in collegio S. Thomas, 1640 in-f.* — Une deuxième édition de Sarragosse en 1693 (celle qui nous a servi) T. I, LIV. 2, CAP. 60 et 61.

Bien que nous ayions cité, selon l'usage reçu, le P. Aduarte, la relation du martyre de notre Guillaume est de son continuateur, le P. Dominique Gonzalès dont il a été question dans la *Notice*. Aduarte, qui était évêque de la

Nouvelle-Ségovie, au nord de l'île de Manille, aurait été parfaitement en mesure de relater les faits ; mais il mourut au mois d'août 1637, tandis que Dominique Gonzalès, régent, puis prieur du couvent de St-Thomas de Manille, n'y mourut que le 5 novembre 1647. Sa relation, que l'on a imprimée à la suite de l'*Historia* du P. Aduarte, est intitulée :

Relacion del martirio de F. Antonio Gonzalès, F. Guillermo Courtet, F. Miguel de Ozaraza, y Vicente de la Cruz religiosos dominicos, y de los compañeros seglares, que padecieron en Japon ano MDCXXXVII, Matriti, Didaci Diaz 1639, in-4°. Ce fut l'édition primitive ; l'année d'après, elle servit de complément à l'ouvrage du P. Aduarte.

2. — *Les vies et actions mémorables des saints, bienheureux, et autres illustres personnages de l'ordre des Frères-Prêcheurs*, par le R. P. de Réchac dit Ste-Marie, Paris 1650, T. III, P. 613. (Musée Calvet d'Avignon, H. n° 1058, in-4°, n° 305. Ce t. III manque à la Bibliothèque impériale.

3. — *L'année dominicaine ou Vie des saints, bienheureux martyrs... de l'ordre des Frères-Prêcheurs*, seconde partie de septembre, par le P. Jacques Lafon ; Amiens, 1710, p. 774. (Musée Calvet, H., n° 1063, in-4°, n° 306).

4. — *Scriptores ordinis prædicatorum...* par les PP. J. Quétif et J. Echard, 2 vol. in-f°, Paris 1719-1721., TOM 11, p. 495.

5. — *Prædicatorium avenionense, seu historia conventûs avenionensis FF. prædicatorum*, par le P. Jean Mahuet, 1 vol. in-8°; Avignon 1678, p. 218. Mahuet a confondu le jour de la capture et celui du dernier supplice.

6. — *Dictionnaire de Moréri,* 10 vol. in-f°; Bâle, 1740, article Guillaume Courtet.

7. — *Missions dominicaines dans l'extréme Orient*, par le R. P. André Marie (Maynard) de l'ordre des FF. PP. 1865, т. 1, p. 342 et seq.

8. — *Monumenta conventûs Tolosani, ordinis FF. prœdicatorum...* Tolosœ, 1693, de J.-J. Percin. A la page 209, le martyre est raconté d'après la lettre du général de l'Ordre Nicolas Ridolfi. Il cite aussi le *Diarium italicum* du P. Dominique Marchese. Celui-ci fut publié en italien sous le titre de : *Il sacro diario domenicano, diviso in tomi 6 in-f°, che coutengono le vite dei sónti, beati e venérabili dell' ordine dei predicatori.*

Enfin, au Catalogue de l'Histoire de France (Bibliothèque impériale, départ. des imprimés) tome 9, p. 452, on lit : 5040 (Courtet). *Relation envoyée nouvellement des Indes, de la mort glorieuse du R. P. Guillaume Courtet... traduite de l'espagnol...* Tolose, impr. de P. d'Estey, 1641, in-8°, pièce.....

Avignon - 3 Avril 1838.

Monsieur le Curé,

M'occupant de réunir les matériaux
nécessaires pour une notice sur le P.
Guillaume Courtet, dont la canonisation
ne peut se faire attendre, d'après les
avis reçus de Rome, je serais très
fort reconnaissant si vous pouviez me
mettre à d'éclaircir quelques doutes,
relativement à sa naissance.

Vous savez sans doute que le dominicain
Guill. Courtet, mis à mort au Japon,
le 29 7bre 1637, était originaire du
diocèse de Béziers; qu'il fit sa profession
au couvent d'Alby, en 1608, enseigna la
théologie à celui de Toulouse et fut
élu, en 1624, prieur de celui d'Avignon.
Nos traditions de famille parlent de
Sérignan, comme le lieu de naissance,
ce qui a fait croire, à beaucoup de

de membres de ma famille, qu'il s'agissait de Sérignan, petite commune à quelques kilomètres d'Orange, ville de notre département. Mais il résulte de l'ensemble des lettres écrites que le diocèse de Béziers a eu le privilège de cette naissance.

Notre martyr est donc né ou à Béziers ou dans le voisinage, à Sérignan. N'y aurait-il pas moyen, si les actes de naissance, les anciens registres, existent encore pour cette époque, de vérifier si, vers les dernières années du XVIe siècle, il y est fait mention d'un Guillaume Courtet; enfin, soit à Sérignan soit à Béziers, y a-t-il une tradition relative à ce Saint qui...

Vous comprendrez, Monsieur le curé, tout l'intérêt qui s'attache pour ma famille et pour sa localité à faire le plus de lumière possible sur la vie

de ce glorieux marché, et je
suis même persuadé d'entrer dans
tous vos sentiments patriotiques et
chrétiens en vous priant de vouloir
bien vous associer aux efforts que
me commandent et la religion et
mes obligations de famille.

Veuillez agréer d'avance, Monsieur
le Curé, mes remerciements les plus
sincères et l'assurance de la
haute considération avec laquelle
j'ai l'honneur d'être

Votre très-humble et
très-respectueux serviteur,

J. Courtet
ancien sous-préfet
à Avignon.

Guillaume - Courtet

Les régistres de l'état civil de Sérignan,
qui se trouvent dans cette commune,
ne commencent qu'à l'année 1591

Acte de baptême du 27 Janvier 1593 -
Jean Courtet témoin

Idem du 7 Août 1593 - Jean Courtet parrain

Idem 22 Août 1593, Marguerite Cortete,
fille de Jean Courtet marraine

Idem 27 Janvier 1599, Antoine
Courtet. parrain

Idem 21 Septembre 1603 -
Guillaume Courtet parrain